Kreatives und künstlerisches Gestalten in Freizeit und Beruf –
dafür steht der Name CHRISTOPHORUS seit mehr als 30 Jahren.
Jedes CHRISTOPHORUS-BUCH ist mit viel Sorgfalt erarbeitet:
Damit Sie Spaß und Erfolg beim Gestalten haben –
und Freude an unverwechselbaren Ergebnissen.

Gudrun Hettinger, Ingrid Moras, Gabi Wiesmann

Figuren aus Tontöpfen

DIE SCHÖNSTEN IDEEN

CHRISTOPHORUS

Inhalt

Fröhliche Gesellen

Inzwischen bevölkern nicht nur Gartenzwerge, sondern auch andere interessante Gestalten Fensterbank, Balkon, Garten und Hauseingang, nämlich originelle Figuren, die aus Tontöpfen entstehen. Für diese hübschen Dekorationen werden die Töpfe zunächst zur Grundfigur zusammengeklebt, ein Topf ist der Körper, einer der Kopf, kleinere Töpfe bilden Arme und Beine. Danach werden die Gesichter mit Pluster-Pen, Acrylfarbe und Wackelaugen gestaltet und die Figuren mit Feenhaar, Jute, Deko-Blumen und verschiedenen anderen Accessoires verziert.

Ein liebes Großelternpaar, luftige Windspiele, Mädchen mit bunten Blumen, lustige Tiere und viele andere Ideen für drinnen und draußen werden in diesem Buch vorgestellt. Ob nun der Nachtwächter das Haus bewacht, der kleine Wassermann den Vögeln eine Tränke bereithält oder Hund und Katze die Gäste begrüßen – alle Figuren sehen pfiffig aus und sind echte Hingucker.

Die Tontopf-Figuren sind bunt bemalt und geschmückt. Und wer es natürlicher liebt, kann die Bemalung einfach weglassen oder durch Naturmaterialien wie Moos, Efeu und Blätter ersetzen.

Schnell gemacht, verbreiten diese fröhlichen Gesellen und lustigen Tiere gute Laune und sind außerdem eine nette Geschenkidee für viele Anlässe.

Viel Spaß und gutes Gelingen wünschen Ihnen ganz herzlich

Ingrid Moras

So gehts

Tontöpfe

Tontöpfe werden in verschiedenen Größen und Formen im Hobbyfachhandel, im Gartencenter oder im Baumarkt angeboten. Rosentöpfe sind für schlanke Figuren oder schmale lange Gesichter gut geeignet, Glockentöpfe für dicke Figuren mit Kugelbäuchen und runden Gesichtern.
Außerdem gibt es Halbtöpfe und spitz zulaufende Wandtöpfe.
Untersetzer in verschiedenen Größen dienen zum Beispiel als Kopf, Kopfbedeckung oder Kragen.

Kleben

- Besonders stabile, wasserdichte Klebeverbindungen erhält man mit UHU-Montagekleber. Alternativ kann hier auch Silikonkleber verwendet werden. Er klebt sicher und hält Witterungseinflüssen stand. Sauber kleben, da Silikon nicht übermalt werden kann! Falls Silikon von Töpfen entfernt werden muss, ist Scheuermilch hilfreich. Überschüssigen Klebstoff beim Zusammenfügen der Töpfe mit Küchenpapier entfernen. Töpfe mit Maler-Klebeband fixieren, bis der Klebstoff angezogen hat.
- Für feine Verklebungen wie kleine Töpfchen, Filz, Holzkugeln, Augenbrauen und Bärte aus Plüsch ist UHU Alleskleber Kraft gut geeignet.
- Auch mit Heißkleber können z. B. Haare, Hüte, Knöpfe, Blümchen schnell fixiert werden.

Weiteres Material

- Natur-, Kunststoffbast oder Figurendraht, 6 mm Ø, für die Arme
- Sisalhaar, Hanf, Bast, Plüsch oder Engelshaar für die Frisuren
- Styroporkugel oder die Hälfte eines Acrylglas-Medaillons als Oberkopf
- Wackelaugen, rund oder oval, in verschiedenen Größen
- Acrylfarbe, Terrakotta-Pen oder Pluster-Pen zum Bemalen der Figuren
- Klarlackspray für Witterungsbeständigkeit und zum Schutz bemalter Gesichter
- Verschiedene Deko-Materialien, z. B. Juteband, Jutestoff, Stoffreste, Muscheln, Deko-Blumen, Deko-Früchte, kleine Gartengeräte

Hinweis
Die oben angegebenen Klebstoffe, Klebeband, Küchenpapier, ein dünner Pinsel und ein Flachpinsel werden immer benötigt und sind in den Materiallisten nicht mehr eigens aufgeführt.

Grundformen

Die Töpfe der Abbildung entsprechend aufeinander kleben. Dazu Klebstoff auf den oberen Rand des ersten Topfes auftragen, den zweiten Topf Rand auf Rand aufsetzen. Kleber auf den Boden streichen, den dritten Topf Boden auf Boden fixieren. Überschüssigen Klebstoff entfernen.

Für einen Rock zwei verschieden große Tontöpfe übereinander kleben. Dabei den unteren Topf eine Nummer größer wählen. Figuren, die einen „Rock" tragen, stehen durch die breitere Standfläche sicherer. Für Hosen zwei gleich große Töpfe mit der Öffnung zusammenkleben, entweder zwei Glockentöpfe oder Ton- und Glockentopf.

Für Köpfe eignen sich besonders die bauchige Form der Glockentöpfe oder auch zwei zusammengeklebte Untersetzer oder eine Holzkugel. Den Kopf erst dann aufkleben, wenn die Arme angebracht sind. In die Kopföffnung eine Styroporkugel oder eine Hälfte einer teilbaren Acrylkugel oder eines Acrylmedaillons kleben. So entsteht ein schöner Oberkopf. Den Oberkopf passend zur Haarfarbe bemalen.

werden entweder mit der Öffnung gegeneinander geklebt und ein weiteres Boden an Boden befestigt oder immer in der gleichen Richtung mit der Öffnung nach unten aufgereiht. Als Abschluss durchbohrte Holzkugeln oder Holzhände anbringen.

Für Arme aus Bast sechs Baststreifen in einer Länge von etwa 90 cm abschneiden. Die Töpfe nach und nach auf beide Seiten aufschieben und jeweils durch Knoten vor dem Abrutschen sichern. Beim Naturbast genügen als Knoten zwei festgezogene Schlingen mit allen sechs Streifen. Kunststoffbast ist so dünn, dass am besten Perlen, 10 cm Ø, als Stopper mit eingeknotet werden. Dazu die Baststreifen verknoten, dann auf drei Streifen eine Perle aufziehen und unter der Perle wieder einen Knoten legen. Die „Stopper" müssen so gelegt werden, dass sich die Töpfe etwa 1 cm weit überlappen. Die Bastmitte beim Zusammenkleben von Körper und Kopf zwischen fassen.

Bast- oder Sisalarme mit Heißkleber an der Rückseite zwischen Kopf und Körper leicht fixieren und dann mit Silikonkleber gut festkleben.

Arme

Kleine Töpfchen, 3 cm oder 4 cm Ø, auf Bast, Figurendraht (6 mm Ø), Kordel oder Chenilledraht aufreihen, je nachdem, wie belastbar und wie beweglich die Arme sein sollen. Eventuell die Topföffnung mit einer alten Schere vergrößern. Die Töpfchen

Bemalen

Die Figuren mit Acrylfarben oder Terrakotta-Pen bemalen. Der Terrakotta-Pen ist sehr handlich zum Aufmalen. Diese sehr flüssige und stark pigmentierte Farbe lässt sich auch sehr dünn mit dem Pinsel auftragen.

9

Gesichter

Gesichter nach der Vorlage mit Kopierpapier auf den Tontopf übertragen und aufmalen. Eventuell Schablonen herstellen und mit Bleistift umranden. Die Augen können durch Wackelaugen ersetzt werden. Nasen mit Holz- oder Moosgummikugeln oder halben Holzkugeln gestalten. Die Gesichter können auch mit Pluster-Pen aufgemalt werden, die Farben werden nicht aufgeplustert.

Frisuren

Damit die Figuren eine gute Kopfform erhalten, entweder eine Styroporkugel ganz oder geteilt oder die Hälfte eines Kunststoffmedaillons in die Topföffnung kleben.

Trägt die Figur eine Kopfbedeckung wie einen Ton- oder Strohhut, die Haare ringsum nur am Rand der Topföffnung fixieren.

Die Haare mit Sisal, Hanf oder Plüsch gestalten. Am einfachsten ist die Frisur mit Sisalhaar, das in jeder Farbe erhältlich ist, herzustellen. Einen Strang Haar mit Heißkleber auf den Oberkopf kleben und frisieren, als Kurzhaarfrisur, mit Zöpfen oder mit langem Haar. Der Fantasie sind hier keine Grenzen gesetzt.

Langhaarfrisur aus Hanf
Den Hanf gut durchkämmen. Die für die Größe des Kopfes nötige Menge mit der Nähmaschine oder von Hand mit ein paar Stichen auf einen etwa 2 cm breiten Stoffstreifen nähen. Den Streifen oberhalb des

Kopfes aufkleben, evtl. mit Stecknadeln fixieren. Nun die Frisur gestalten. Hanf sowohl nach hinten als auch in das Gesicht gleichmäßig verteilen. Die oberen Haare sollten nicht am Kopf festkleben.

Kurzhaarfrisur aus Hanf
Zwei gleich lange und gleich dicke Lagen gekämmten Hanfs über Kreuz aufeinander legen, mit einigen Stichen gut fixieren, aufkleben und in Form schneiden.

Langhaarplüsch
Er wird in verschiedenen Farben in Beuteln mit fünf Zuschnitten in der Größe von 14 x 20 cm angeboten. Langhaarplüsch mit der Gewebeseite nach oben in Streifen schneiden. Die Haare nicht durchschneiden, sondern auseinander ziehen. Beim Aufkleben immer von unten beginnen und zum Gesicht hin arbeiten.

Kunsthaarlocken
Diese gibt es in langen oder dichten Locken, für krauses oder wuscheliges Haar. Je mehr die Haarsträhnen gezupft und zerteilt werden, desto wuscheliger wird das Haar.

Profi-Tipps der Autorinnen

Die Arme können auch nachträglich angebunden werden. Dazu die Grundfigur zusammenkleben. Die Töpfe für einen Arm auf Bast fädeln, darüber einen Knoten legen. Dann drei Streifen vor und drei hinter dem „Hals" herum auf die andere Seite führen und verknoten. Den zweiten Arm aufziehen.

Runde Augen lassen sich gut aufmalen, wenn auf die gewünschten Stellen Klebepunkte in entsprechender Größe festgedrückt werden. Diese mit Bleistift umranden. Klebepunkt lösen und die Fläche ausmalen.

Die Größen der Figuren lassen sich beliebig abwandeln, die Töpfe sollten aber aufeinander abgestimmt sein. Am besten ausprobieren!

Am besten ist es, überquellenden Klebstoff beim Zusammendrücken sofort mit einem Wattestäbchen zu entfernen.

Flecken auf Tontöpfen lassen sich gut mit dem Radiergummi entfernen.

Die Verbindungsstelle zwischen Kopf und Körper am besten mit Blumenkränzchen, Bändern oder Schleifen abdecken.

Wenn nötig, Löcher am Topfboden entweder mit der Spitze einer alten Schere, einem Messer oder mit dem Steinbohrer vergrößern.

Wenn Sie Ihre Figuren draußen aufstellen wollen, sollten Sie die Gesichter mit Klarlack besprühen. Silikonkleber ist witterungsbeständig. Auch die Deko-Materialien wie Sisal, Jute, Holzformen, Deko-Blumen sind nicht sehr empfindlich gegen Nässe und halten etwas Regen gut aus.

Blumenkinder

Material

- Rosentopf, 13 cm Ø, 15 cm hoch
- Glockentopf, 13 cm Ø
- 2 Unterteller, 10/11 cm Ø
- 6 Tontöpfchen, 3 cm Ø
- Figurendraht, 6 mm Ø, 35 cm
- 2 Holzkugeln, 25 mm Ø
- Hanfzopf
- Jutestoff in Gelb
- UHU Holzleim
- Nadel, Zwirn
- Narzissen-Kränzchen, 12 cm Ø
- Narzissenbusch
- Gänseblümchen
- Mini-Efeugirlande
- Körbchen, 10 cm Ø
- Satinband in Gelb, 15 mm breit; in Orange, 3 mm breit

Vorlagen 1a und 1b
Seite 68

Im Frühling

1 Die Unterteller zum Kopf zusammenkleben. Die Frisur, wie auf der Seite 10 beschrieben, anfertigen. Die einzelnen Strähnen gut durchkämmen, um Bleistifte wickeln und mit Klebestreifen oder Wäscheklammern fixieren. Die Haare leicht feucht besprühen und trocknen lassen. Danach die Stifte vorsichtig herausziehen, die Haare nicht mehr durchbürsten und mit etwas Haarspray fixieren.

2 Narzissen-Kränzchen in das flache Körbchen kleben und mit einer Schleife verzieren. Für den Hut aus Jute einen Kreis von 20 cm Ø zuschneiden. 6 cm vom Rand entfernt einen stabilen Faden durchziehen und ankräuseln. Holzleim mit etwas Wasser verdünnen und auf den Hut streichen. So werden die Teile etwas versteift und fransen nicht aus. Nach dem Trocknen den Rand nachschneiden.

Kavaliere
Abbildung & Materialangaben Seite 14/15

Für den **Teddy** ein kleines Stück der Styroporkugeln für Schnauze und Kopfrundung abschneiden, mit Plüsch bekleben und fixieren. Die größeren Stücke als Ohren bemalen und aufkleben. Die Haare der Schnauze kürzen und eine schwarz bemalte Olive als Nase aufkleben. Augen aufmalen. Die Schleife und den Brustfleck aus Filz anbringen. Eine goldbemalte Holzkugel zwischen die Hände kleben und Rosen in die Bohrung stecken.

Für den **Rosenkavalier** zwei Töpfe für die Oberarme gegeneinander kleben, anschließend die Arme auf Bast aufziehen und Holzkugeln als Hände einkleben. Die Figur bemalen. Bemalte Halbkugeln als Knopf und Nase fixieren. Die Schleife nach der Vorlage 2b binden. Die Frisur mit Plüschstreifen gestalten. Augenbrauen und Schnurrbart aus Plüsch fixieren. Den Schnurrbart an den Spitzen mit Kleber aufzwirbeln.

Kavaliere

Material

Für jede Figur
- Langhaar-Plüsch in Kupfer
- Filz in Rot
- Rosen in Rot
- Farben in Weiß, Schwarz, Rehbraun, Karmin, Gold, Kobaltblau

Teddy
- 2 Glockentöpfe, 13 cm Ø
- Glockentopf, 11 cm Ø
- 6 Tontöpfchen, 4 cm Ø
- Topf, 5 cm Ø
- Naturbast
- 2 Styroporkugeln, 5 cm Ø
- Holzolive, 15 mm
- Holzkugel, 4 cm Ø
- 6 Holzperlen, 10 mm Ø

Rosenkavalier
- Glockentöpfe, 15 cm, 17 cm Ø
- Rosentöpfe, 7 cm, 14 cm Ø
- 8 Tontöpfchen, 4 cm Ø
- Untersetzer 13 cm Ø
- Kunststoff-Bast in Schwarz
- 2 Halbkugeln aus Holz, 20 mm Ø
- 2 Holzkugeln, 4 cm Ø
- 4 Holzperlen, 10 mm Ø
- Terrakotta-Pen in Blau
- Lackdraht
- Zylinder, 9 cm Ø

Vorlagen 2a und 2b
Seite 68

Anleitung Seite 12

Material

Für jede Figur
- Puppenhände, 22 mm
- Viskosekordel, 4 mm Ø
- Spitzenband
- Satinband in Rosé, Grün
- Kunsthaarlocken
- Klangstäbe
- Bierfilz
- Farben in Weiß, Schwarz, Rot
- Strukturfarbe in Grün, Rot, Weiß, Gelb
- Stupfpinsel
- Perlmuttflimmer
- Perlonfaden

Margeritenmädchen
- Glockentopf, 15 cm Ø
- 4 Tontöpfchen, 4 cm Ø
- Holzkugeln,
  - 1x 8 cm Ø
  - 2x 1 cm Ø
  - 6x 2,5 cm Ø
- Margeriten
- Strohhut, 14 cm Ø

Rosenmädchen
- Glockentopf, 13 cm Ø
- 2 Tontöpfchen, 4 cm Ø
- Holzkugeln,
  - 1x 70 mm Ø
  - 2x 10 mm Ø
  - 4x 25 mm Ø
- Perlmutt-Perlen, 3 mm Ø
- Röschen

Vorlagen 3a – 3d
Seite 69

Klangspiele

1 Zuerst das „Röckchen" satt mit Strukturfarbe betupfen und in die noch feuchte Masse Blümchen und kleine Perlen festdrücken und mit Perlmuttflimmer bestreuen.

2 Die Aufhängekordel verbindet Kopf und Körper und wird im Topf mit einer Holzkugel gut verknotet. Für die Arme auf eine Kordel Töpfchen und Holzkugeln im Wechsel aufreihen. Für die Schulter die kleineren Kugeln verwenden. Die Puppenhändchen auf die unteren Holzkugeln kleben. Die Arme nun um die Kordel wickeln und fixieren. Kunststofflöckchen aufkleben. Mit Blumen und Strohhut ergänzen. Um den Hals ein Spitzenband mit Schleife anbringen.

3 Einen Bierfilz nach der Vorlage zuschneiden und die Aufhängungen kennzeichnen. Die Klangstäbe mit Perlonfäden befestigen und den Bierfilz im Topfinnern festkleben.

Rosenmädchen

Abbildung & Materialangaben Seite 18/19

Die Rosenmotive mit Reliefpaste und elastischen, selbsthaftenden Stencilschablonen gestalten. Schablone leicht anfeuchten, an der gewünschten Stelle platzieren und gut festdrücken. Mit einem Spatel die Reliefpaste satt auftragen und die Fläche möglichst glatt streichen. Dann die Schablone vorsichtig abnehmen. Die Motive können nach dem Trocknen bemalt werden. Einfacher ist es jedoch, wenn die Paste vor dem Auftrag mit Acrylfarbe eingefärbt wird. Wichtig: Arbeitsgeräte sofort reinigen!

Bei dem **kleinen Mädchen** den Strohhut mit der Öffnung nach oben einkleben, gelbe Rosen oder ein Rosenkränzchen fixieren. Hier die Haare am Innenrand des Blumentopfs anbringen. Den Hals mit Röschen und Satinband verzieren.

Rosen-mädchen

Material

Für jede Figur

- 6 Tontöpfchen, 4 cm Ø
- Reliefpaste, Spatel
- Stencilschablone „Rosen", selbsthaftend
- Figurendraht
- 2 Holzkugeln, 25 mm Ø
- Hanfzopf
- Biedermeierkörbchen
- Steckmasse
- Satinbändchen in Grün, 6 mm breit
- Farben in Grün, Gelb, Rot, Weiß, Schwarz

Kleines Mädchen

- Rosentopf, 9 cm Ø, 11 cm hoch
- 2 Glockentöpfe, 11 cm Ø
- Satinband in Gelb, 1 cm breit
- Röschen in Gelb
- Strohhut, 13 cm Ø
- Kerzenkränzchen

Großes Mädchen

- Rosentopf, 13 cm Ø, 15 cm hoch
- 2 Glockentöpfe, 13 cm Ø
- Styroporkugel, 7 cm Ø
- Röschen in Rot
- Kariertes Band, 2 cm breit

Vorlagen 4a und 4b
Seite 69

Anleitung Seite 16

Willkommen

Material

- Dachziegel „Bieber-schwanz", 40 cm
- Wandtöpfe,
  - 4x 3,5 cm Ø
  - 3x 6 cm Ø
  - 1x 9,5 cm Ø
- Figurendraht, 6 mm Ø
- Styroporkugel, 8 cm Ø
- Hanfzopf
- Holzfüße, 5 x 5 cm
- Holzhände, 3 cm
- Steckmasse, Stiefmüt-terchen, Narzissen, Efeu
- Holzknöpfe, 1,2 cm Ø
- Satinband in Violett, 1 cm breit
- Viskosekordel, 4 mm Ø
- Farben in Violett, Grün, Gelb, Rot, Schwarz, Weiß
- Pluster-Pen in Gelb

Vorlagen 5a und 5b
Seite 69

1 Den Rand des Ziegels bemalen, die Aufhängekordel anbringen. Röckchen, Oberteil und Kopf zusammenkleben und bemalen, eben-so die Arme.

2 Ein Viertel der Styroporkugel in die Kopföffnung kleben. Die Perücke, wie auf Seite 10 beschrieben, anfertigen und festkleben. Die Figur auf den Dachziegel kleben. Figurendraht in die Holzfüße fixieren, Beine und Holzhändchen anbringen.

3 Blumentöpfchen mit Steckmasse füllen, Blumen anordnen und den Topf auf dem Dachziegel platzieren. Blümchen und Schleifchen anbringen. Schrift und Blümchen mit Pluster-Pen aufmalen, jedoch nicht aufplustern.

Herzjunge mit Mädchen

Abbildung & Materialangaben Seite 22/23

Die Ränder der Glockentöpfe mit Mosaiksteinen ohne Zwischenräume bekle-ben. Für die Knöpfe kleine Steinchen anbringen. Vor der Befestigung des Kopfes den Ilexkranz auflegen.

Der Hut für das **Mädchen** entsteht aus einem kleinen Glockentopf (11 cm Ø) und einem umgestülpten Untersetzer. In das Körbchen etwas Steckmasse geben, das aufgeschnittene Kränzchen in Form drücken, fixieren.

Die Haare, wie auf Seite 10 beschrieben, gestalten. Die Styroporkugel mit brauner Acrylfarbe bemalen, in den oberen Topf kleben.

Herzjunge
mit Mädchen

Material

Für jede Figur
- 2 Holzkugeln, 25 mm Ø
- Ilexkränze
  in Orange/Grün
- Mosaiksteine,
  groß + klein
- Figuren- oder Chenille-
  draht
- Farben in Rot, Schwarz,
  Weiß

Mädchen
- Glockentöpfe,
  11, 13, 15, 17 cm Ø
- 6 Tontöpfe, 4 cm Ø
- Untersetzer, 14/15 cm Ø
- Hanfzopf
- Satinbändchen in Rot,
  1 cm breit
- Körbchen, 8 cm
- Steckmasse

Junge
- 2 Glockentöpfe,
  15, 13 cm Ø
- 8 Tontöpfe, 4 cm Ø
- Kunsthaarlocken
  in Braun
- Styroporkugel, 10 cm Ø
- Farbe in Braun
- Heuherz, 12 cm

Vorlagen 6a und 6b
Seite 69

Anleitung Seite 20

Marktfrau

Material

- 2 Untersetzer, 10/11 cm Ø
- Tontopf, 15 cm Ø
- Glockentopf, 13 cm Ø
- 6 Tontöpfchen, 3 cm Ø
- Figurendraht, 35 cm
- Hanfzopf
- 2 Holzkugeln, 25 mm Ø
- Stoffrest mit Spitze o. Ä.
- Modeschmuckteil
- Körbchen, Minifrüchte, Gemüse
- Steckknet
- Steckdraht
- Farben in Rot, Schwarz, Weiß

Vorlagen 7a und 7b
Seite 70

1 Die Untersetzer für den Kopf zusammenkleben. Die seitlichen Haarschnecken separat arbeiten und festkleben. Ansonsten die Haare, wie auf Seite 10 beschrieben, anfertigen.

2 Als Umhang wurde hier ein ausgedientes Tischset verwendet. Eine Schleife aus Spitze zusammenkleben und mit einem Schmuckstück verzieren. Die Topfränder mit Spitzenborten verzieren.

3 Körbchen mit Steckmasse füllen. Früchte und Gemüse andrahten und fixieren.

Gartenglück
Abbildung & Materialangaben Seite 26/27

Die Grundformen, Gesichter, Arme und Haare, wie auf Seite 8 – 10 beschrieben, gestalten.

Der **linken Figur** grünes Juteband um den Halsansatz binden. Moos aufkleben und mit Blüten dekorieren. Jute in Natur in zwei Stücke schneiden, über Kreuz zusammenbinden und aufs Haar kleben. Mit Beeren, Blüten, Blättern und Vogelnest dekorieren.

Bei der **rechten Figur** Juteband um den Halsansatz binden. Moos zwischen die Arme kleben, mit Seidenblüten und Blättern dekorieren. Für die Kopfbedeckung Jutestreifen mit Bast zusammenbinden und aufkleben. Zum Schluss die Katze fixieren.

Gartenglück

Material

Für jede Figur
- Pluster-Pen in Rot
- Naturbast
- Naturmoos

Linke Figur
- 3 Tontöpfe, 17 cm Ø
- 8 Tontöpfchen, 4 cm Ø
- 2 Wackelaugen, 2 cm Ø
- Holzscheibe/-perle, 1,5 cm Ø
- Sisalhaar in Pink
- Juteband in Natur, 50 cm, in Grün, 70 cm
- Schleifenband, 70 cm
- Beeren, Blätter, Blüten
- Nest mit Vogel

Rechte Figur
- 3 Tontöpfe, 17 cm Ø
- 6 Tontöpfchen, 6 cm Ø
- 2 Wackelaugen, 3 cm Ø
- Holzwürfel/-perle in Braun, 1,5 cm Ø
- Sisalhaar in Gelb
- Juteband in Blau, 65 cm
- Jutestoff in Gelb, Blau
- Seidenblüten/-blätter
- Keramikkatze

Anleitung Seite 24

26

Fröhliche Gesellen

Material

- 2 Glockentöpfe,
  9 cm Ø
- 2 Wackelaugen, oval,
  1,5 cm Ø
- 2 Marionettenfüße,
  35 x 50 mm
- Styroporkugel, 7 cm Ø
- Holzkugel, 3 cm Ø
- 2 Holzkugeln, 2 cm Ø
- 2 Holzkugel, 1,5 cm Ø,
  für Kopf-Hals-Verbin-
  dung
- Holzkugel, 6 mm Ø,
  für die Nase
- Glimmer in Blau
- Aludraht für die Beine,
  3 mm Ø, 1 m
- Aludraht für Körper,
  Hals, 3 mm Ø, 0,5 m
- Aludraht für die Arme,
  1 mm Ø, 1 m
- Federboa in Blau
- Spiralfeder
  zum Aufhängen

Blauer Troll

1 Glockentöpfe mit Aludraht und Holzperlen verbinden. Die Arme andrahten. Dafür den Draht spiralförmig biegen. Holzkugeln und Marionettenfüße anbringen.

2 Die Styroporkugel in den oberen Topf kleben, mit der Federboa verzieren. Die Federboa um den Hals legen. Wackelaugen und Nase aufkleben. Mit Glimmer das Gesicht aufmalen, Hände und Füße beglimmern.
Die Spiralfeder im Kopf fixieren.

Blätterzwerge
Abbildung & Materialangaben Seite 30/31

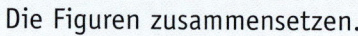

Die Figuren zusammensetzen.
Für den **Blätterzwerg** aus Filz eine Zipfelmütze nähen oder kleben, der Umfang
unten beträgt 44 cm.

Für die **Moosfigur** das Oberteil mit Moos verzieren. Potpourri aufkleben und
mit Golddraht umwickeln. Den Kopf mit Moos und Zimtstangen schmücken.

Blätter-
zwerge

Material

Blätterzwerg

- 2 Tontöpfe, 11 cm Ø
- Tontopf, 13 cm Ø
- 8 Tontöpfchen, 3 cm Ø
- 2 Wackelaugen, 1,5 cm Ø
- Holzperle, 6 mm Ø
- Naturbast
- Filz in Blau, 45 cm
- Filz in Grün, 10 cm
- Efeublätter
- Sisalhaar in Natur
- Kordel in Grün

Moosfigur

- 2 Glockentöpfe, 13 cm Ø
- Glockentopf, 15 cm
- 2 Tontöpfchen, 4 cm Ø
- Kordel, 0,5 cm Ø
- 2 Wackelaugen, 1,5 cm Ø
- Holzperle, 1,5 cm Ø
- Styroporkugel, 10 cm Ø
- Moos
- Orangenscheiben,
  Pepperoni, Zimtstangen
- Golddraht
- Pluster-Pen

Anleitung Seite 28

Wassermann

Material

- Glockentopf, 13 cm Ø
- 2 Glockentöpfe, 15 cm Ø
- 8 Tontöpfchen, 4 cm Ø
- Untersetzer, 23 cm Ø
- Untersetzer, 13 cm Ø
- 8 Holzperlen, 1 cm Ø
- Kunststoff-Bast in Grün
- Farben in Maigrün, Moosgrün, Schwarz, Weiß, Türkis
- Muscheln

Vorlage 8
Seite 70

1 Die Figur zusammenkleben. Je vier Töpfe als Arme aufziehen und die Enden beim Fixieren des großen Untersetzers mit festkleben.

2 Für die Haare am besten mehrere Baststreifen, 60 cm lang, in der Mitte verknoten und den Knoten in der Topföffnung platzieren. Die Fransen kürzen.

3 Die Figur bemalen. Einen Zopf aus neun Baststreifen um den Hals binden. Muscheln ankleben.

Meerjungfrau & Neptun

Abbildung & Materialangaben Seite 34/35

Die Grundformen, Arme, Haare und Gesichter, wie auf Seite 8 – 10 beschrieben, gestalten. Eine Muschel als Nase aufkleben.

Für die **Meerjungfrau** das Deko-Netz aufs Haar kleben und um den Hals legen. Arme nach vorne biegen und eventuell mit Silikonkleber fixieren. Deko-Gras, Seerose und Fischchen aufkleben. Muscheln im Haar verteilen.

Dem **Neptun** den großen Tontopf als Hut aufsetzen, mit Deko-Netz, Muscheln und Tillandsien dekorieren. Deko-Netz um den Halsansatz nach vorne ziehen und festkleben. Muscheln und Holzperlen auf die weiße Kordel ziehen und um den Körper legen. Holzwürfel als Finger in die untere Topföffnung kleben. Muscheln und Fischchen verteilen.

Meer-jungfrau & Neptun

Material

Für jede Figur

- Medaillonhälfte oder Styroporkugel, 12 cm Ø
- Pluster-Pen in Rot
- Deko-Fische
- Muscheln
- Sisalhaar in Grün
- Acrylfarbe in Grün
- Sisaldraht, 6 mm Ø, 50 cm

Meerjungfrau

- 2 Glockentöpfe, 13 cm Ø
- Tontopf, 12 cm Ø
- 8 Tontöpfchen, 3 cm Ø
- 2 Wackelaugen, oval, 1 x 2 cm
- Deko-Netz in Grün
- Seerose, Deko-Gras, Naturbast

Neptun

- 3 Tontöpfe, 12 cm Ø
- Tontopf, 15 cm Ø
- 8 Tontöpfchen, 5 cm Ø
- 2 Wackelaugen, oval, 1,5 x 2 cm
- Deko-Netz in Weiß
- Kordel in Weiß, 2 m
- Holzwürfel in Grün
- Holzperlen in Weiß
- Neptunstab (Gartengerät)
- Tillandsien

Anleitung Seite 32

Anglerglück

Material

Für jede Figur
- Pluster-Pen in Rot
- 2 Wackelaugen, oval, 1 x 1,5 cm

Angler
- 2 Tontöpfe, 7 cm Ø
- Blumendraht, 1 mm Ø, 2 m
- Holzperle, 8 mm Ø
- Styroporhände, -füße
- Steinfarbe in Terrakotta
- Aludraht in Silber, 1 mm Ø
- Sisalhaar in Blau
- Juteband in Natur
- Bast in Blau, Natur
- Muscheln
- Deko-Fisch

Marie
- 2 Tontöpfe, 7 cm Ø
- 4 Tontöpfchen, 3 cm Ø
- Sisaldraht, 6 mm Ø, 2 x 30 cm
- Sisalhaar in Natur
- Juteband-Reste in Lila, Orange
- Moos, Deko-Vogel

1 Für Marie die Sisal-Beine am vorderen unteren Topfrand mit einer dicken Schicht Heißkleber fixieren. Juteband zusammenknoten und aufs Haar kleben. Jutebandstreifen um den Halsansatz kleben. Zwischen die Händchen Naturmoos kleben und den Vogel reinsetzen.

2 Für den Angler Styroporhände und Füße mit Steinfarbe bemalen, gut trocknen lassen. Beidseitig auf je einen Meter Blumendraht auffädeln und mit Kleber fixieren. Draht am Halsansatz und vorderen unteren Topfrand ankleben. Draht spiralförmig aufdrehen. Juteband mit Bast zusammenbinden und als Hut aufsetzen. Naturbast um den Hals legen, zur Schleife binden. Aus Aludraht die Angel biegen, Fischchen befestigen und in die Hand geben. Mit Muscheln dekorieren.

Junge & Mädchen
Abbildung & Materialangaben Seite 38/39

Die beiden Unterteller für den Kopf zusammenkleben. Die Haare, wie auf Seite 10 beschrieben, anfertigen.

Für den **Jungen** das Schürzchen an den Rändern mit Holzleim und Wasser etwas versteifen.

Für das **Mädchen** den Tontopf für den Oberkörper mit Holzleim bestreichen und mit der Jutekordel fest und dicht umwickeln. Eine Schleife aus Jutekordel auf den Haaren platzieren. Die Figur bemalen. Für das Püppchen Figurendraht für Beine und Arme, jeweils 8 cm lang, festkleben. An den Enden Holzhände und Holzkugel befestigen. Den Kopf mit den aufgeklebten Haaren fixieren, Püppchen mit einer Schleife aus Jutekordel verzieren.

Junge & Mädchen

Material

Für jede Figur
- 2 Unterteller, 8/9 cm Ø
- Hanfzopf

Junge
- 2 Glockentöpfe, 11 cm Ø
- 4 Tontöpfchen, 3 cm Ø
- Jutestoff in Grün, Gelb
- Karierter Stoff
- 2 Holzkugeln, 25 mm Ø
- Kleiner Bär, 6 cm

Mädchen
- Glockentöpfe, 11 cm, 13 cm Ø
- 7 Tontöpfchen, 3 cm Ø
- Jutekordel in Rot
- 3 Holzkugeln, 25 mm Ø
- 2 Holzkugeln, 15 mm Ø
- Holzhände, 15 mm
- Figurendraht, 30 cm, 2 x 8 cm
- Farben in Gelb, Rot, Schwarz, Weiß

Vorlagen 9a – 9d
Seiten 70 – 71

Anleitung Seite 36

Hochzeitspaar

Material

Für jede Figur
- Holzkugel, 8 cm Ø
- 2 Holzkugeln, 2,5 cm Ø
- 6 Tontöpfchen, 4 cm Ø
- Hanfzopf
- Figurendraht
- Farben in Schwarz, Weiß, Rot, Hellblau

Braut
- 2 Rosentöpfe, 12 cm Ø, 15 cm hoch
- Gardinenrest
- Spitzenband in Weiß, 3 cm breit
- Reliefpaste, Spatel
- Stencilschablone „Rosen", selbsthaftend
- Perlmuttflimmer
- Röschen in Weiß, Rot
- Efeu
- Pappscheibe, 4 cm Ø
- Perlenstränge
- Satinband, 3 mm, in Weiß

Bräutigam
- Rosentöpfe, 8,5 cm Ø, 11 cm hoch und 10 cm Ø, 11 cm hoch
- Velourszylinder, 8 cm Ø
- Dekoband in Weiß, 25 mm breit

Vorlagen 10a und 10b
Seite 71

1 Die Rosenmotive mit Reliefpaste und elastischen, selbsthaftenden Stencilschablonen gestalten. Die Schablone leicht anfeuchten, an der gewünschten Stelle platzieren und gut festdrücken. Mit einem Spatel die Reliefpaste satt auftragen und die Fläche möglichst glatt streichen. Danach die Schablone vorsichtig abnehmen. Die Motive können nach dem Trocknen bemalt werden. Einfacher ist es jedoch, wenn die Paste vor dem Auftrag mit Acrylfarbe eingefärbt wird. Wichtig: Arbeitsgeräte sofort reinigen!

2 Der Braut die Haare zu Zöpfen flechten und aufrollen. Schleier drapieren, festkleben und mit Röschen verzieren. Für den Brautstrauß ein gerafftes Spitzenband, Röschen, Efeu und Satinbändchen auf eine Pappscheibe, 4 cm Ø, kleben.

3 Für den Bräutigam die Töpfe zusammenkleben, den Frack aufmalen.

Großeltern
Abbildung & Materialangaben Seite 42/43

Für die **Großmutter** die Haarperücke, wie auf Seite 10 beschrieben, anfertigen. Der aufgerollte Zopf wird zusätzlich aufgeklebt. Der Kopf entsteht aus zwei zusammengeklebten Untertellern. Den Umhang aus einem Gardinenrest zu einer Krause zusammenraffen und festkleben. Ein Samtband festbinden und mit einer Schleife verzieren.
Für den Hut des **Großvaters** einen Kreis von 16 cm Ø aus Jute zuschneiden. 2 cm vom Rand entfernt einen festen Faden durchziehen und ankräuseln. Holzleim, mit etwas Wasser verdünnt, auf den Hut streichen. So werden die Teile etwas versteift und fransen nicht aus. Nach dem Trocknen den Rand nachschneiden. Auch das Jäckchen an den Rändern verstärken. Für die Pfeife mit einem Steinbohrer ein Loch anbringen. Die Brille aus Aludraht biegen. Für das Fußteil den größeren Unterteller umgedreht festkleben. Die obere Abschlusspartie der Haare verstürzt aufkleben, sodass die Verklebung nicht sichtbar ist.

Großeltern

Material

Für jede Figur
- 8 Tontöpfchen, 3 cm Ø
- Figurendraht, 40 cm

Großmutter
- Glockentopf, 15 cm Ø
- Tontopf, 16 cm Ø
- 2 Unterteller, 12/13 cm
- Holzkugeln, 25 mm Ø
- Gardinenrest, 70 x 10 cm
- Samtband in Rot
- Hanfzopf
- Wolle und Zahnstocher
- Nadel, Zwirn
- Farben in Blau, Weiß, Schwarz, Rot

Großvater
- 2 Glockentöpfe, 17 cm Ø
- 2 Unterteller, 12/13 cm Ø
- 1 Unterteller, 14/15 cm Ø
- Pfeife, 5 cm
- Aludraht, 2 mm Ø
- Jutestoff in Grün, Blau
- Nadel, Zwirn
- UHU Holzleim
- Karierter Stoff
- Knopf, 15 cm
- Hanfzopf
- Holzkugeln, 25, 15 mm Ø
- Farben in Grün, Schwarz, Rot, Weiß

Vorlagen 9c, 11a und 11b
Seiten 70 – 71

Anleitung Seite 40

Material

- 2 Rosentöpfe,
  14 cm Ø
- Glockentopf,
  17 cm Ø
- Untersetzer,
  15 cm Ø
- 4 Tontöpfchen,
  4 cm Ø
- 2 Töpfe, 5 cm Ø
- Holzhalbkugel,
  20 mm Ø
- Holzhalbkugel,
  30 mm Ø
- Figurendraht,
  6 mm Ø
- Filz in Grün, Rot
- Langhaar-Plüsch
  in Silber-Grau
- Farben in Weiß,
  Schwarz, Rehbraun,
  Karmin, Moosgrün
- Moosgummi
  in Schwarz
- Holz-Rundstab,
  6 mm Ø
- kleine Laterne,
  17 cm hoch
- Nylonschnur
  oder Draht

Vorlagen 12a und 12b
Seite 72

Nachtwächter

1   Die Töpfe zusammenkleben. Den Untersetzer mit grünem Filz bekleben; dabei den Rand 4 cm überstehen lassen.

2   Die Haare aus Plüschstreifen, etwa 2 cm breit, an den Rändern fixieren, eventuell kürzen.

3   Grünen Filz zusammenlegen, den Mantel nach der Vorlage (Knicklinie = Rückenlinie) zuschneiden und auf den Topf kleben, den Kragen umschlagen. Halbkugeln als Knopf und Nase fixieren. Gesicht, Beine und Füße aufmalen.

4   Die Arme mit Sisaldraht fertigen, die Enden je fünfmal um die Laterne bzw. den Rundstab wickeln. Einen roten Filz-Schal, 7 x 60 cm, um den Hals legen.

5   Die Schneide und einen schmalen Streifen aus Moosgummi schneiden, den Rundstab dazwischen einkleben. Die Spitze schwarz einfärben.

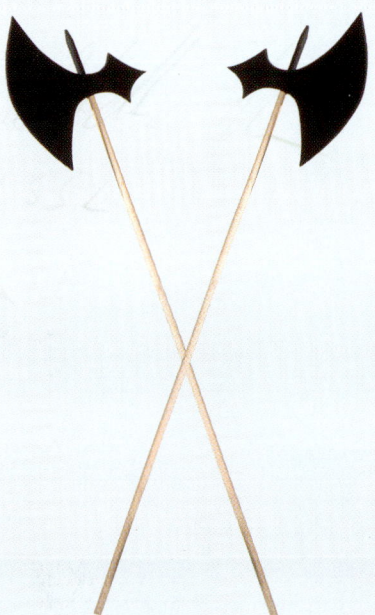

Lustige Tiere

Vorlage 13
Seite 73

Material

- Schale, 23 cm Ø
- Glockentopf, 15 cm
- Untersetzer, 14 cm Ø
- 2 Töpfe, 5 cm Ø
- 4 Töpfe, 4 cm Ø
- 2 Töpfe, 3 cm Ø
- Wackelaugen, 2 cm Ø
- Langhaar-Plüsch in Kupferrot
- Filz in Rosa
- Moosgummi in Rosa, 2 mm
- Rupfenband in Hellgrün
- Farben in Schwarz, Rosé, Fleischfarben

Kuh Berta

1 Eine Schnauze aus Moosgummi in den Topfboden kleben, um den Höhenunterschied auszugleichen, dann Filz darüber fixieren. Wackelaugen befestigen. Wimpern, Nasenlöcher und Flecken aufmalen.

2 Die „Hörner" bemalen. Etwas Plüsch einrollen und in die Löcher der Ohren-Töpfe kleben. Die Haarspitzen mit Kraftkleber zur Spitze formen. Weitere Plüschstücke fixieren.

Hund & Katze

Abbildung & Materialangaben Seite 48/49

Den **Hund** zusammenkleben. Dabei die rotbraunen Kopfhaare und die auf Naturbast aufgezogenen Vorderfüße dazwischen fassen. Augen, Mund und Flecken aufmalen und die Ohren aus Moosgummi aufkleben. Für die Nase eine Styroporkugel halbieren, schwarz anmalen und fixieren. Als Pfote Deko-Gras einkleben. Dem Hund nach Wunsch ein Tuch umbinden und ein Willkommensschild befestigen.

Die **Katze** zusammenkleben und mit Klebeband sichern. Dabei die Ohren aus Moosgummi und die Federn dazwischen fassen. Aus Deko-Gras einen Schwanz formen, mit Gras umwickeln und im Loch des Topfes fixieren. Augen aufmalen. Die Schnauze aus Moosgummi gestalten, dabei die Schnurrhaare aus Kupferdraht dazwischen fassen.

Hund & Katze

Material

Hund
- Rosentopf, 9 cm Ø
- Untersetzer, 10 cm Ø
- Tontöpfe, 12, 16 cm Ø
- 4 Tontöpfchen, 4 cm Ø
- Deko-Gras in Rotbraun
- Styroporkugel, 5 cm Ø
- Farben in Schwarz, Weiß
- Moosgummi in Schwarz, 2 mm
- Bast in Natur
- kariertes Taschentuch

Katze
- Glockentopf, 9 cm Ø
- Untersetzer, 9 cm Ø
- 2 Tontöpfe, 10 cm Ø
- Moosgummi in Schwarz, 2 mm
- Moosgummi in Rosa, 1 mm
- Farben in Schwarz, Weiß, Rosé
- Kupferdraht
- Flauschfeder in Rotbraun
- Deko-Gras in Rotbraun

Vorlagen 14a und 14b Seite 73

Anleitung Seite 46

48

Material

Für jeden Raben

- 2 spitze Wandtöpfe,
  12 cm Ø
- Sonnenblumen
- Wackelaugen, 20 cm Ø
- Dekoband
  in Blau-Weiß kariert
- Modelliermasse
  in Terracotta,
  lufthärtend
- Farbe in Schwarz

Jakobinchen

- Glockentöpfe,
  13, 11 cm Ø
- Strohhut, 20 cm Ø
- 2 Holzhalbkugeln,
  3 cm Ø

Jakob

- Glockentöpfe,
  15, 11 cm Ø
- 2 Holzhalbkugeln,
  4 cm Ø
- Jutestoff in Grün

Vorlagen 15a – 15c
Seite 74

Raben

1 Für den Schnabel die beiden spitzen Wandtöpfe fest zusammenkleben, auf den Rand des kleineren Glockentopfes (11 cm Ø) fixieren. Den Rand schwarz bemalen, ebenso die halben Holzkugeln für die Augen.

2 Die Flügel nach der Vorlage aus ausgewellter Modelliermasse ausschneiden. Flügel ebenfalls auf dem Topf mit Bleistift vorzeichnen, etwas Holzleim auf die vorgesehenen Stellen streichen, mit kleinen Resten Modelliermasse die Flügelform etwas aufbauen und gut festdrücken. Darauf die ausgeschnittenen Flügel festdrücken und in Form bringen.

3 Den zweiteiligen Rabenhut nach der Vorlage zuschneiden, die Naht zusammenkleben und am Topfrand befestigen. Die oberen Ecken einschlagen und übereinander kleben. Die Hutkrempe zum Schluss anbringen.

Hase & Co.

Abbildung & Materialangaben Seite 52/53

Den **Hasen** zusammenfügen; dabei die Basthaare und die auf Bast aufgezogenen Arme dazwischen fassen. Für jedes Ohr zwei Lagen Filz zusammenkleben, dabei einen Lackdraht zwischenkleben und die Ohren in Form bringen. Den Brustfleck aus Filz und Bastzopf-Gürtel fixieren. Das Gesicht gestalten. Holzkugeln als Hände einkleben (Bohrung bleibt sichtbar!), mit Lackdraht zusammenbinden und Blumen einstecken.

Die Töpfe für **Henne und Hahn** zusammenkleben. Kringel und Punkte mit Window Color Stück für Stück auftragen und sofort Samtpuder aufstreuen. Überschüssiges Puder abpusten bzw. nach dem Trocknen abkehren. Filzteile und Federn als Schwanz aufkleben, Augen aufmalen.

Hase & Co.

Material

Hase

- Glockentöpfe, 11, 13, 15 cm Ø
- Untersetzer, 8 cm Ø
- 6 Tontöpfchen, 4 cm Ø
- Bast in Natur
- 2 Holzkugeln, 4 cm Ø
- Filz, meliert, in Rotbraun
- Moosgummi in Hautfarbe
- Farben in Schwarz, Weiß
- Narzissenstrauß
- Lackdraht, 0,5 mm Ø

Hahn

- Tontöpfe, 5, 6, 8 cm Ø
- Untersetzer, 16 cm Ø
- Glockentopf, 17 cm Ø
- Halbtopf, 6 cm Ø
- Window Color in Grün, Blau
- Samtpuder in Grün, Blau
- Filz in Rot, Gelb, Blau
- Acrylfarben
- Flauschfedern

Henne

- Tontöpfe, 5, 6 cm Ø
- Untersetzer, 14 cm Ø
- Glockentopf, 15 cm Ø
- Halbtopf, 6 cm Ø
- Window Color in Weiß
- Samtpuder in Weiß
- Filz in Rot, Gelb, Weiß
- Acrylfarben
- Flauschfedern

Vorlagen 16a – 16c
Seiten 74 – 75

Anleitung Seite 50

Frosch

Material

- Glockentopf, 15 cm Ø
- 2 Untersetzer, 10/11 cm Ø
- Terrakottateller, 30 cm Ø
- Wackelaugen, 2 cm Ø
- Modelliermasse in Terracotta, lufthärtend
- Strohhut, 19 cm Ø
- Jute in Gelb
- Seerosen
- Farben in Grün, Rot
- Holzleim

Vorlagen 17a – 17c
Seite 75

1 Die Modelliermasse auswellen und die Formen nach der Vorlage mit einem Messer ausschneiden. Für den Kopf zwei Untersetzer zusammenkleben. Die Formen auch auf den Tontopf zeichnen. Die vorgesehenen Stellen mit etwas Holzleim bestreichen, mit kleinen Reststücken Modelliermasse die Form etwas aufbauen und abschließend das ausgeschnittene Teil aufdrücken und in Form bringen. Für die Augen Kugeln formen, flach drücken, mit dem Kopf verbinden und mit den Wackelaugen einen Abdruck vornehmen, sodass die Stelle für die Augen markiert ist.

2 Die Modelliermasse härtet an der Luft aus. Die modellierten Teile nach dem Trocknen mit Schmirgelpapier etwas glätten und bemalen.

3 Den Kopf erst nach dem Gestalten auf dem Körper anbringen.

4 Wackelaugen und Strohhut mit Seerose festkleben, das Halstuch festknoten.

Eule & Igel

Abbildung & Materialangaben Seite 56/57

Für die **Eule** die obere Hälfte der Perlhuhnfedern um die Augen, die flauschigen Hälften und die grauen Federn um den Kopf kleben.

Die kleinen Töpfchen als **Igelstacheln** bemalen und aufkleben. Den Tontopf, 4 cm Ø, als Schnauze anbringen und schwarz bemalen.

Eule & Igel

Material

Eule

- 2 Glockentöpfe, 15 cm Ø
- Glockentopf, 17 cm Ø
- Untersetzer, 12 cm Ø
- 2 Halbtöpfe, 9 cm Ø
- Perlhuhnfedern in Marine
- Flauschfedern in Grau
- Farben in Schwarz, Weiß

Igel

- Schale, 19 cm Ø
- Wandtopf, spitz, 12 cm
- 20 Tontöpfchen, 3 cm Ø
- Tontopf, 4 cm Ø
- Langhaar-Plüsch in Rotbraun
- Farben in Gold, Rehbraun, Schwarz, Weiß

Vorlagen 18a und 18b
Seite 76

Anleitung Seite 54

Wichtel & Zwerge

Material

- 2 Tontöpfe, 5 cm Ø
- 6 Tontöpfe, 4 cm Ø
- 2 Halbtöpfe, 13 cm Ø
- Untersetzer, 13 cm Ø
- 2 Glockentöpfe, 15 cm Ø
- Rosentopf, 14 cm Ø
- Halbkugel aus Holz, 3 cm Ø
- 2 Holzkugeln, 4 cm Ø
- 8 Holzperlen, 10 mm Ø
- Kunststoff-Bast in Grün
- Farben in Moosgrün, Karmin, Schwarz, Weiß
- 2 Knöpfe in Rot
- Engelshaar in Kupfer, Kupfer-Silber
- dünner Kupferdraht
- Sonnenblumen

Vorlage 19
Seite 76

Zeitungswichtel

1 Die Töpfe für den Wichtel zusammenkleben und bemalen. Eine rot bemalte Halbkugel als Nase fixieren.

2 Den Rand der Jacke in Moosgrün mit Schwarz vermischt bemalen. Rote Knöpfe befestigen.

3 Die Arme auf sechs Baststreifen, 90 cm lang, nachträglich befestigen. Die Hände einkleben, die Bohrung bleibt dabei sichtbar. Die Hände mit Draht zusammenbinden und Sonnenblumen einstecken. Haare und Bart aus Engelshaar mit dünnem Kupferdraht zusammenhalten.

Kantenhocker

Abbildung & Materialangaben Seite 60/61

Bei allen drei Figuren einen 60 cm langen Sisaldraht in der Mitte knicken, durch das Loch im Topf ziehen und in der Bohrung der Holzkugel einkleben. Auf die Enden Töpfe mit 4 cm Ø als Füße aufschieben und den Draht zur Schnecke biegen. Für die Arme sechs Baststreifen mittig am Hals festknoten, dann auf beiden Seiten je einen Zopf flechten, einen Topf mit 3 cm Ø als Hand aufschieben und einen Knoten legen. Entweder den Bast verknoten oder einen Topf, 4 cm Ø, an den Bauch kleben und die Hände daran befestigen.

Die Figuren bemalen, mit Basthaaren bekleben und mit Bastschleifen versehen. An den Hut des Sonnenkindes einzelne Baststreifen anknoten. Die als Ohren und Schnauze aufgeklebten Halbkugeln beim Bären mit dünnen Plüschstreifen „abdichten". Dem Glücksbringer einen Topf, 6 cm Ø, als Hut und eine Perlen-Nase aufkleben.

Kantenhocker

Material

Für jede Figur
- Sisaldraht, 6 mm Ø, 60 cm lang
- Acrylfarben

Sonnenkind
- Glockentopf, 11 cm Ø
- 2 Tontöpfchen, 4 cm Ø
- 2 Tontöpfchen, 3 cm Ø
- Holzkugel, 6 cm Ø
- Kunststoff-Bast in Maisfarben
- Bast in Rot, Natur
- Strohhut, ca. 12,5 cm Ø
- kleine Blüten

Teddy
- Glockentopf, 9 cm Ø
- 3 Tontöpfchen, 4 cm Ø
- 2 Tontöpfchen, 3 cm Ø
- Holzkugel, 5 cm Ø
- 3 Halbkugeln aus Holz, 25 mm Ø
- Bast in Natur, Rot
- Plüsch in Hellbraun
- Efeu

Glücksbringer
- Glockentopf, 11 cm Ø
- 3 Tontöpfchen, 4 cm Ø
- 2 Tontöpfchen, 3 cm Ø
- Tontopf, 6 cm Ø
- Holzkugel, 6 cm Ø
- Holzperle in Rot, 6 mm Ø
- Bast in Rot, Maisfarben, Schwarz

Vorlagen 20a – 20c
Seite 76

Anleitung Seite 58

Kräuterelfen

Material

- 2 Tontöpfe, 7 cm Ø
- Figurendraht, 6 mm Ø,
  3 x 30 cm, 3 x 45 cm
- 2 Marionettenfüße,
  4 cm lang
- 2 Tontöpfchen, 3 cm Ø
  oder
  2 Holzkugeln, 2,5 cm Ø
- Perlen
- 2 Wackelaugen, oval,
  1 x 1,5 cm
- Pluster-Pen in Rot
- Filz in Grün, 25 cm
- Efeugirlande, 50 cm
- Peperoni, getrocknet
- Gartengeräte

Vorlage 21
Seite 77

Die Grundform, Arme, Haare und Gesichter, wie auf Seite 8 – 10 beschrieben, der Abbildung entsprechend gestalten.
Die Beine am unteren Topfrand gut mit Heißkleber fixieren. Filzflügel (Vorlage 21) ausschneiden und am Rücken festkleben. Efeugirlande um Hals und Körper wickeln. Mit Peperoni und Gartengeräten dekorieren.

Im Zwergenland
Abbildung & Materialangaben Seite 64/65

Die spitzen Wandtöpfe fest zusammenkleben. Der **kleine Zwergenhut** wird zusätzlich auf einen umgedrehten Untersetzer geklebt. Zum Anbringen der Pfeife am besten mit dem Steinbohrer ein Loch in den Glockentopf bohren.

Baumfiguren
Abbildung & Materialangaben Seite 66/67

Die Holzkugel für den Kopf des **Käfers** bemalen. Als Nase eine rote Perle aufkleben. Ein Schnur-Ende verknoten, das andere Ende durch den Topf und die Holzkugel ziehen. Die Fühler aus einem 40 cm langen Aludraht biegen und mit den Basthaaren in die Bohrung kleben. Drei Baststreifen an der Halsschnur festknoten und an den Enden jeweils eine braune Perle befestigen. Zwei Fühler aus Moosgummi am Rücken fixieren. Den Brustfleck aufmalen und eine Bastschleife um den Hals binden.
Für die **Baumfee** die Schnur wie beim Käfer befestigen. Den Bast mittig knicken, fest zusammenbinden und um den Kopf herum als Haare ankleben. Die Bögen durchtrennen, die Fransen kurz schneiden und das Gesicht gestalten. Flügel und Verzierungen aus Faserseide arbeiten. Bast mittig am Hals festknoten, die maigrünen Arm-Töpfe aufziehen und mit Knoten befestigen. Etwas Bast in die Töpfe kleben, eine Bastschleife um den Hals binden.

Im Zwergenland

Material

Für jeden Zwerg

- 2 Holzkugeln, 25 mm Ø
- Wackelaugen, 12 mm Ø
- Holzperle, 1,2 cm Ø
- 6 Tontöpfe, 4 cm Ø
- Langhaarplüsch
- Figuren- oder Chenille-draht
- Farben in Rot, Blau, Gelb

Kleiner Zwerg

- 3 Glockentöpfe, 13 cm Ø
- 2 spitze Wandtöpfe, 12 cm Ø
- Unterteller, 12/13 cm Ø
- Puppenbrille, 60 mm
- Gießkanne, 10/5 cm
- Holzpfeife, 6 cm
- Blümchen in Weiß

Großer Zwerg

- 3 Glockentöpfe, 15 cm Ø
- 2 spitze Wandtöpfe, 17 cm Ø
- Holzrechen, 25 cm
- Schmetterling, 6 cm
- Efeu, Margeriten

Anleitung Seite 62

Baumfiguren

Material

Für jede Figur
- Glockentopf, 11 cm Ø
- Holzkugel, 6 cm Ø
- Schnur, ca. 4 mm Ø

Baumkäfer
- Kunststoff-Bast in Schwarz
- Natur-Bast in Natur, Rot
- Holzperle in Rot, 6 mm Ø
- Moosgummi in Rot, 2 mm
- 6 Holzperlen in Braun, 12 mm Ø
- Aludraht in Rot, 2 mm Ø
- Farben in Schwarz, Karmin, Weiß

Baumfee
- 2 Tontöpfe, 3 cm Ø
- Natur-Bast in Hellgrün
- Holzperle in Hellgrün, 6 mm Ø
- Faserseide in Gelb
- Farben in Maigrün, Schwarz, Weiß

Vorlagen 22a und 22b
Seite 77

Anleitung Seite 62

Tipp
Als Behausung für Ohrwürmer die Glocken locker mit Bast oder Heu füllen.

66

Vorlagen

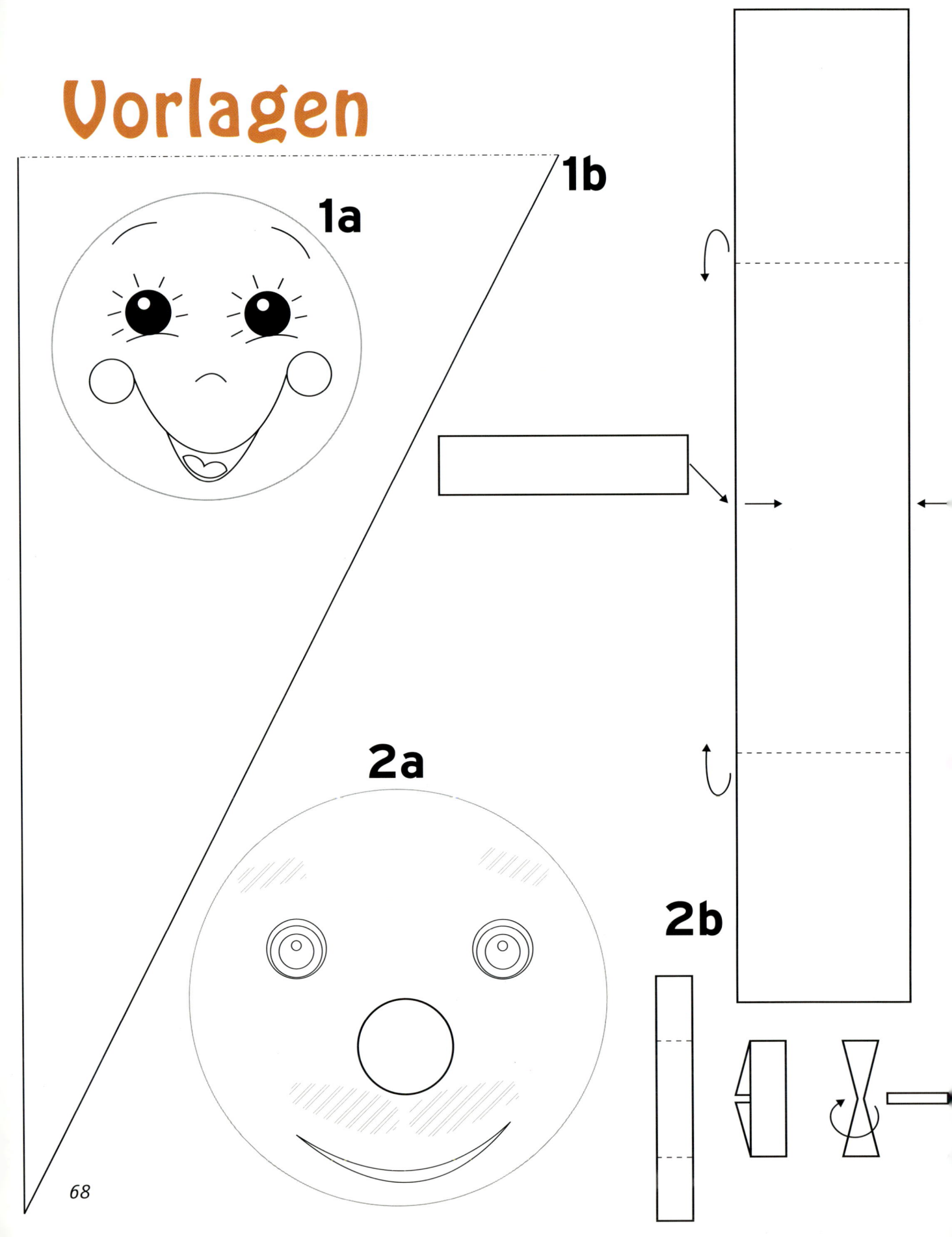

1a

1b

2a

2b

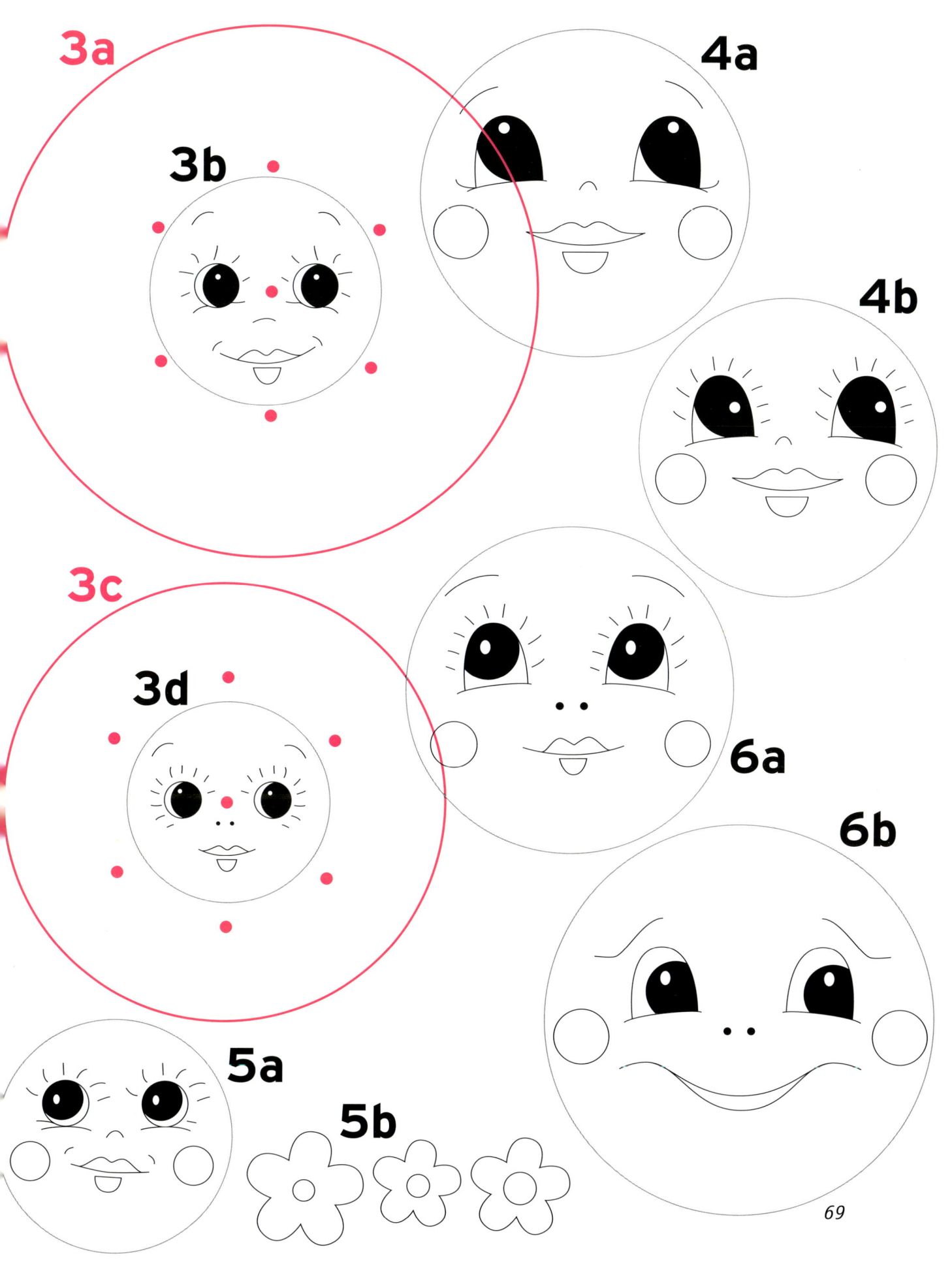

3a

3b

4a

4b

3c

3d

6a

6b

5a

5b

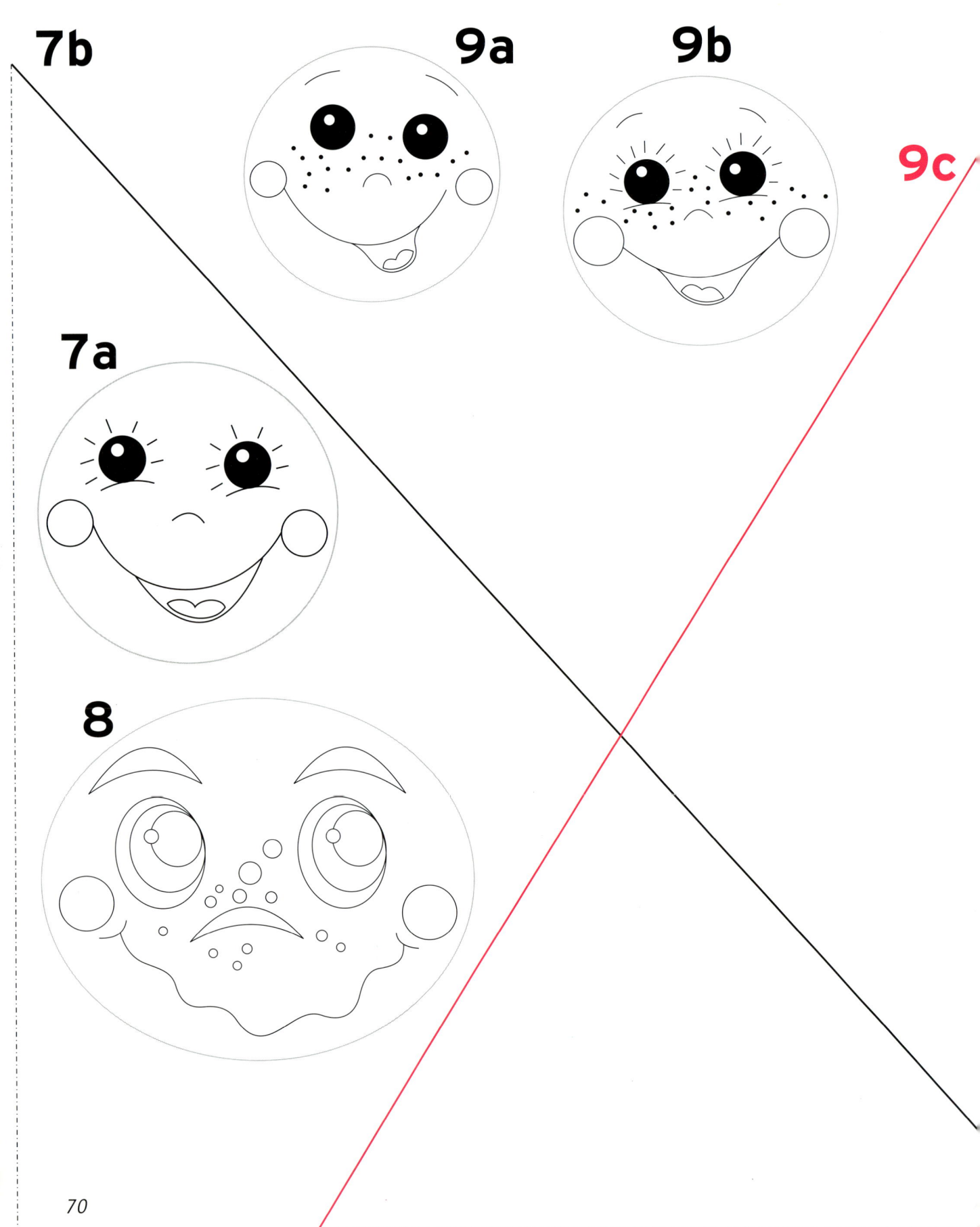

7b

9a

9b

9c

7a

8

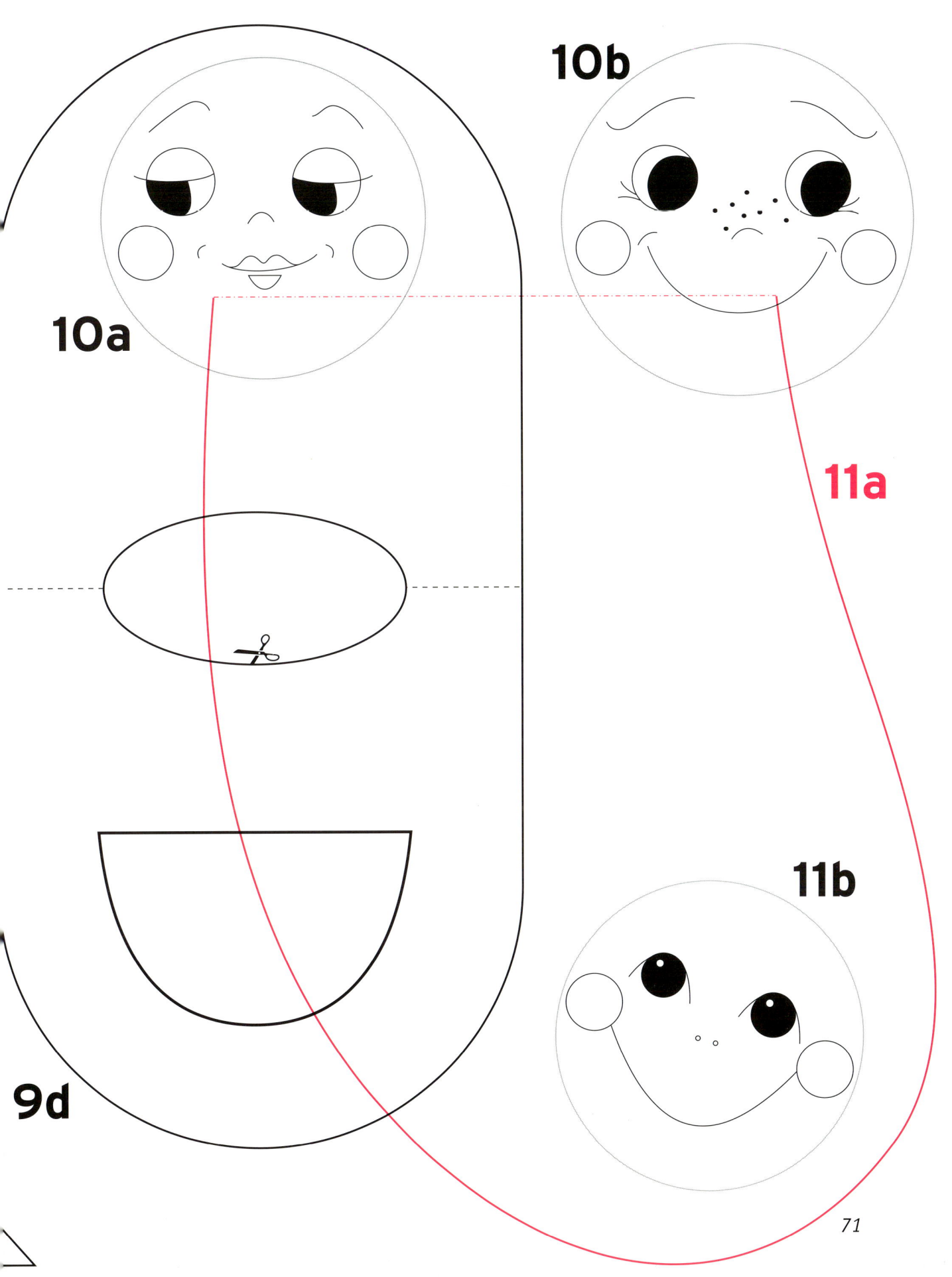

10b

10a

11a

11b

9d

71

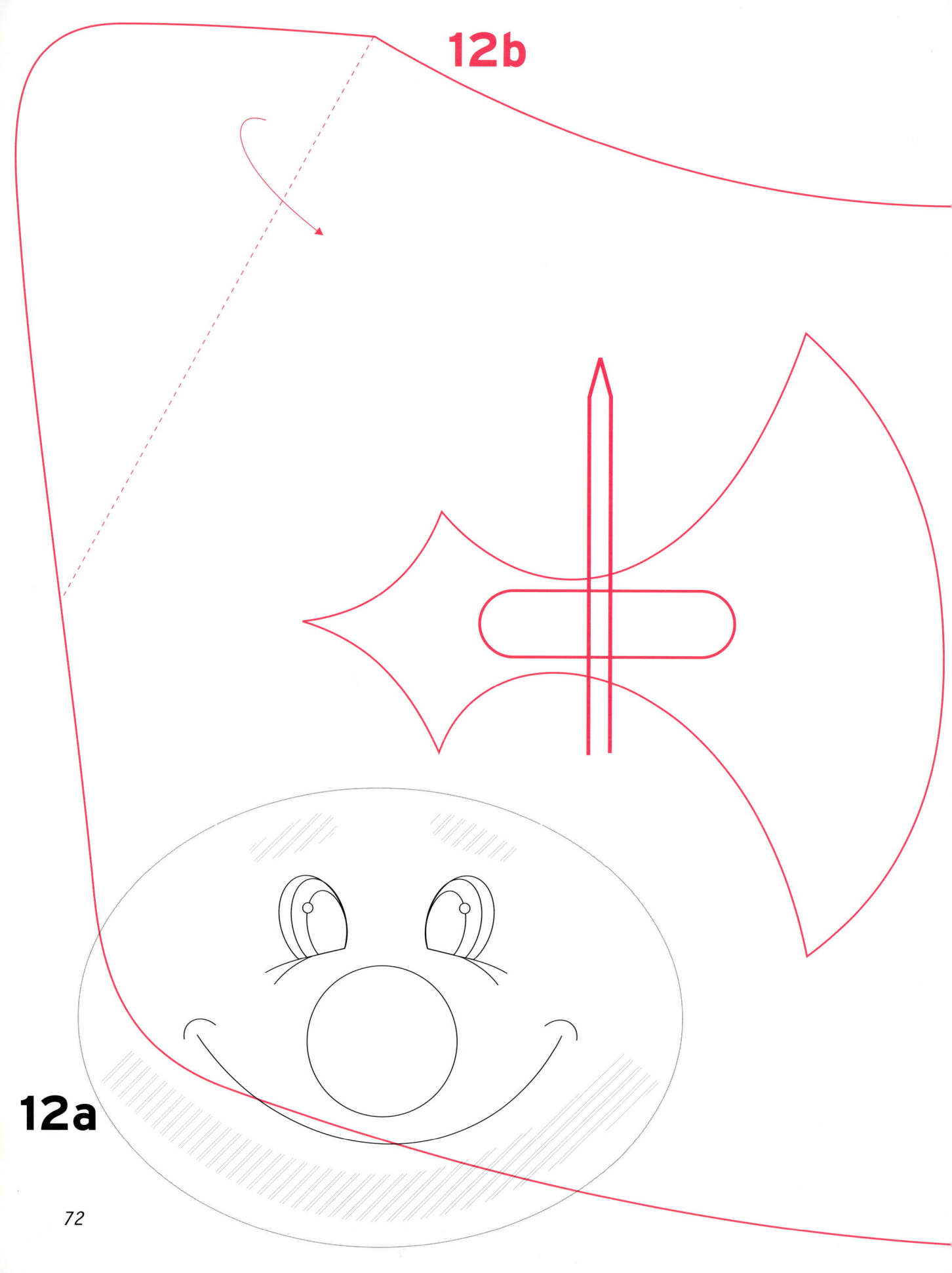

12b

12a

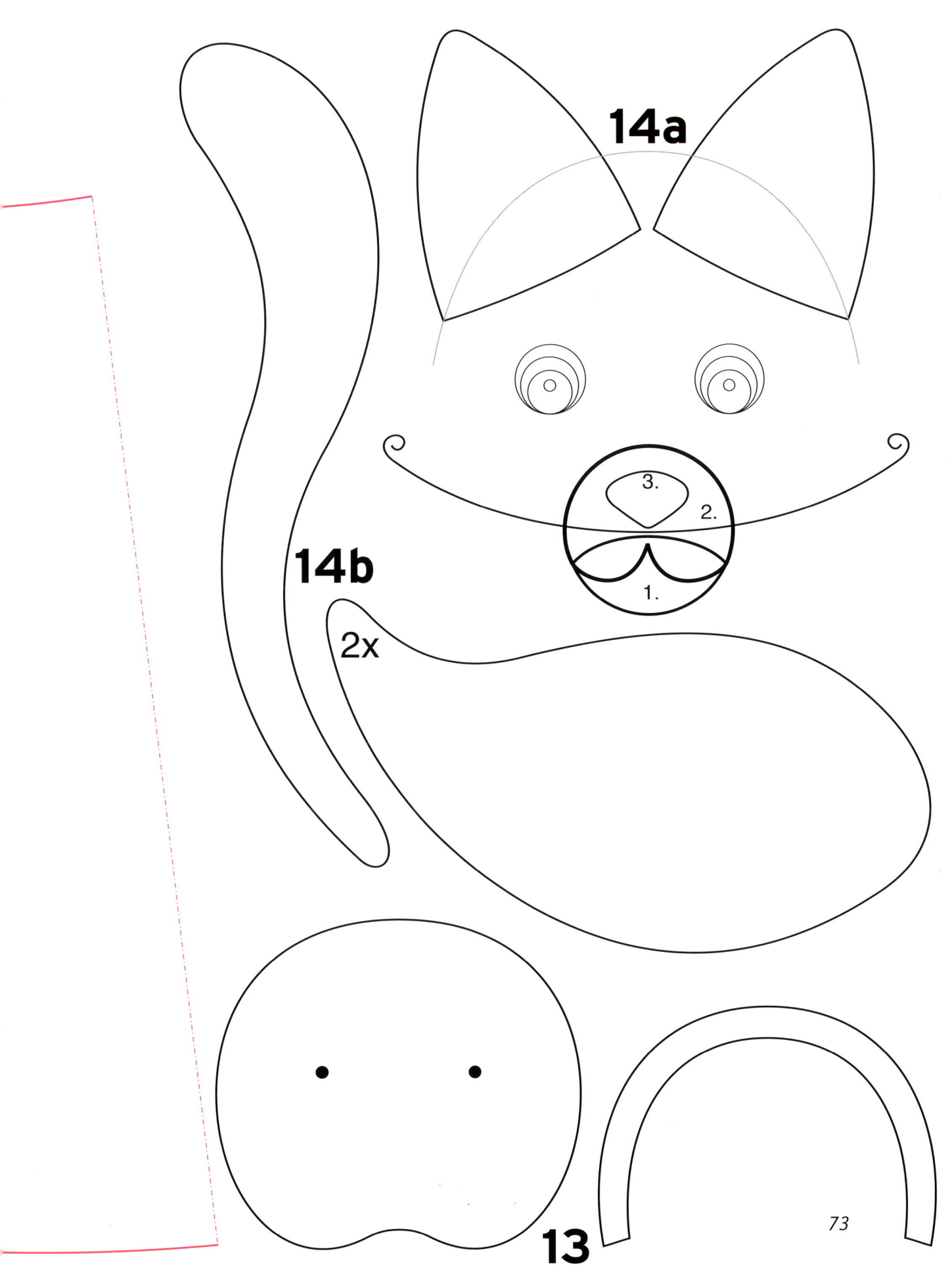

14a

14b

2x

3.
2.
1.

13

73

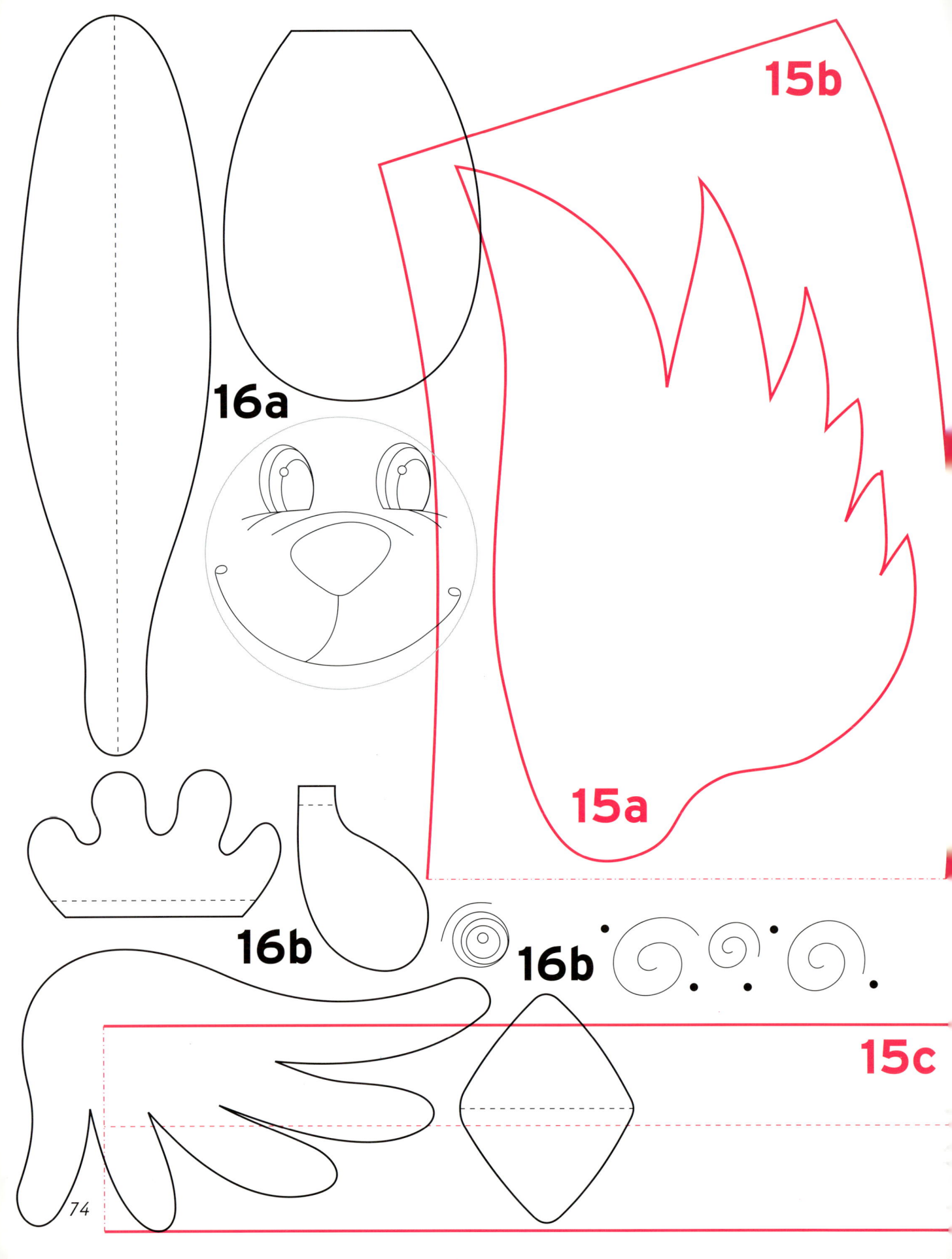

15b

16a

15a

16b

16b

15c

74

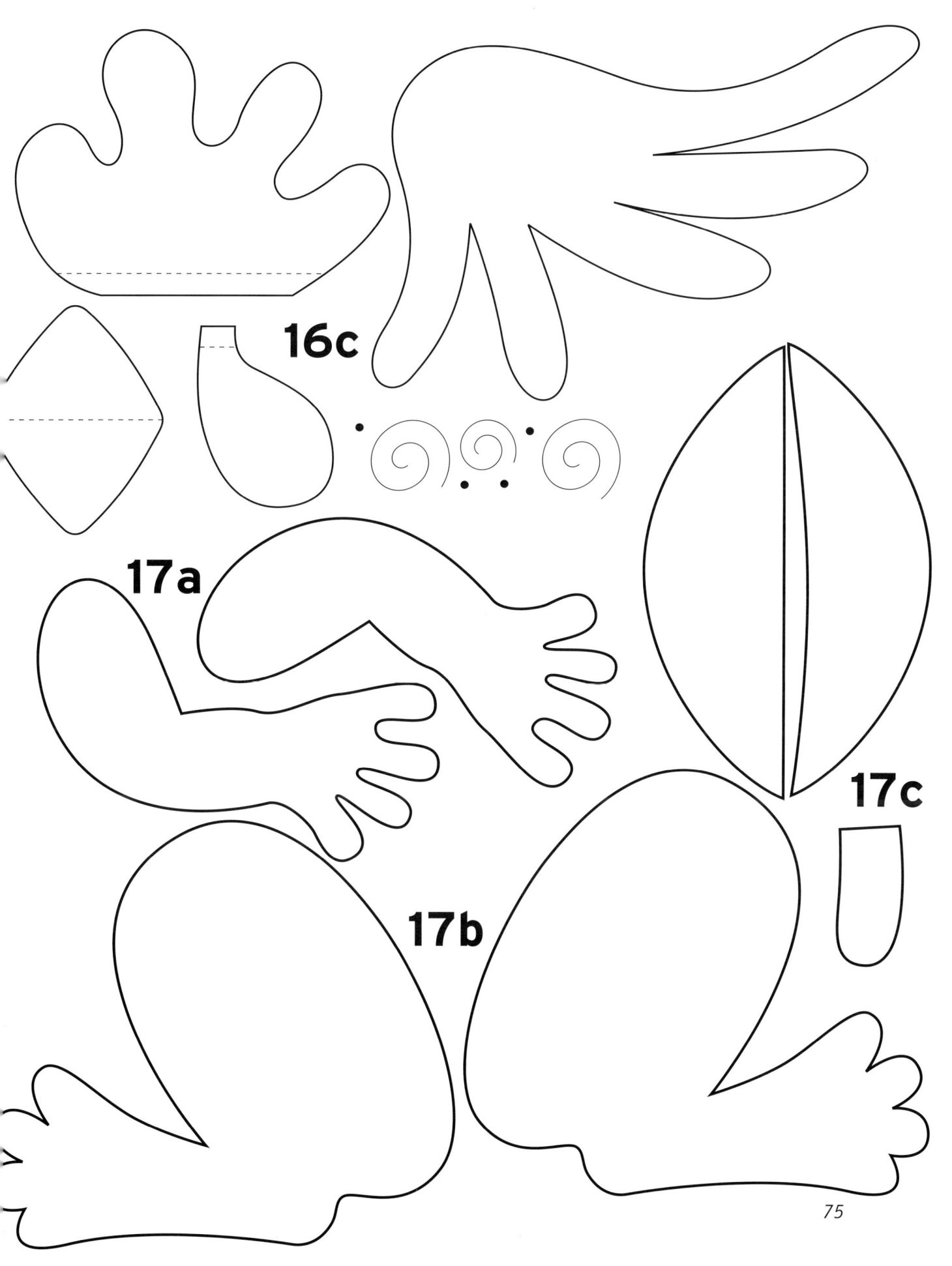

16c

17a

17c

17b

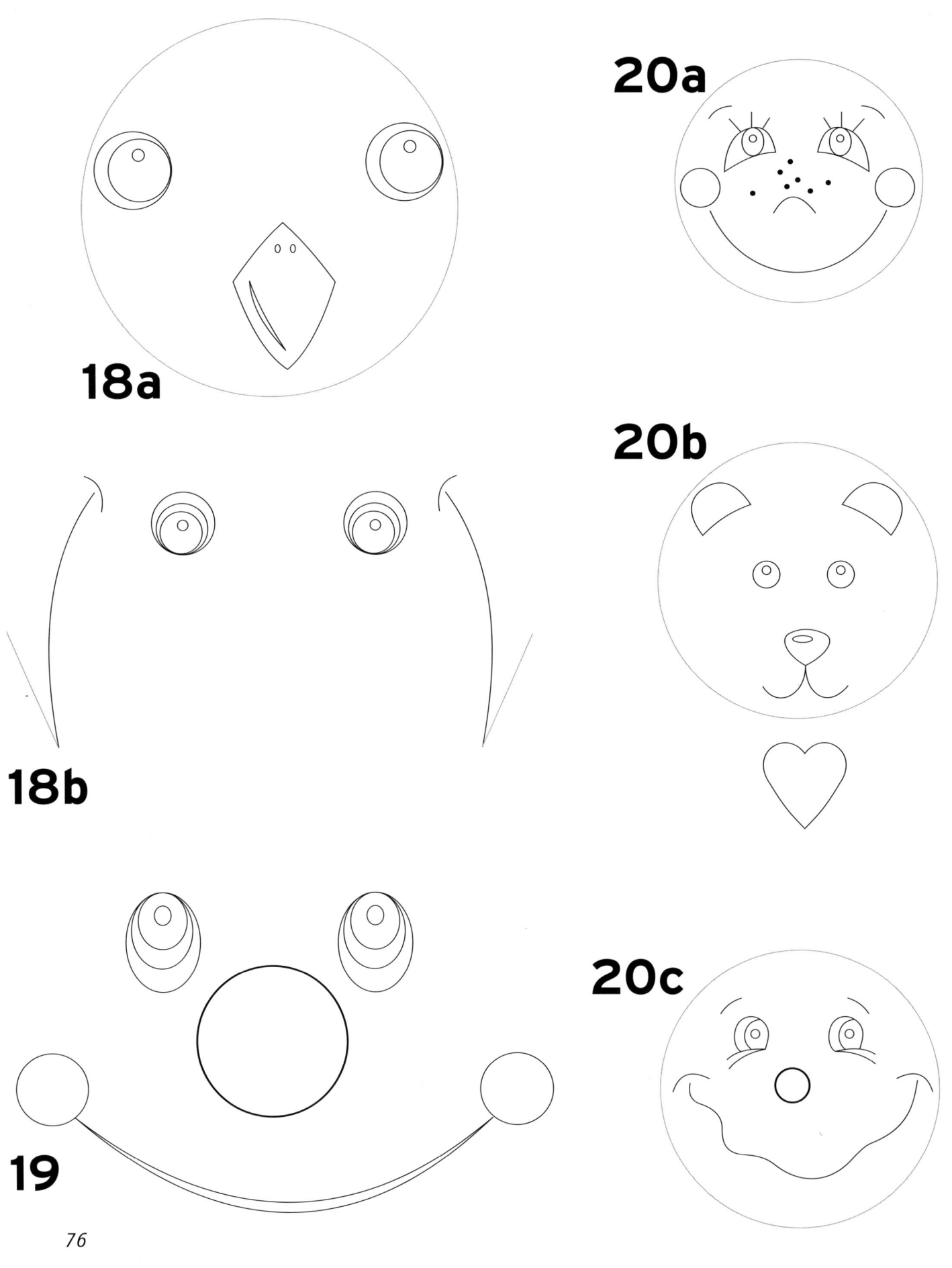

18a

18b

19

20a

20b

20c

76

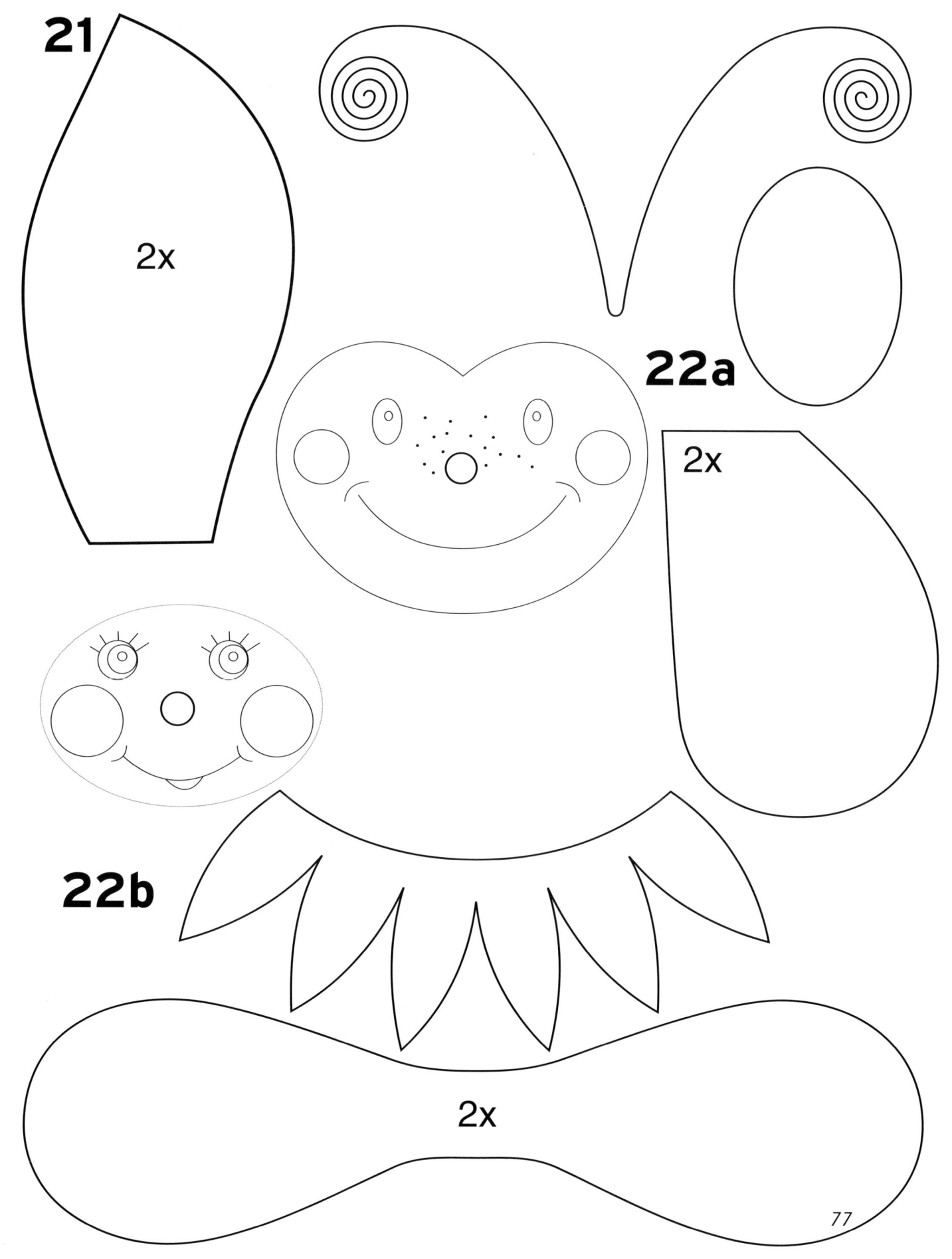

21

2x

22a

2x

22b

2x

77

Impressum

Autorinnen:
Gudrun Hettinger, Seiten 12/13, 16 – 25,
38 – 43, 50/51, 54/55, 64/65

Ingrid Moras, Seiten 14/15, 32/33, 44 – 49,
52/53, 56 – 61, 66/67

Gabi Wiesmann, Seiten 26 –31, 34 – 37, 62/63

Abbildungen:
Roland Krieg, Seiten 16 – 23, 26/27, 34 – 37,
40/41, 50/51, 54/55, 62 – 65

Christoph Schmotz, Titelbild, Seiten 12 – 15,
24/25, 28 – 33, 38/39, 42 – 49, 52/53, 56 – 61,
66/67

© 2003 Christophorus-Verlag GmbH
Freiburg im Breisgau
www.christophorus-verlag.de

Alle Rechte vorbehalten –
Printed in Belgium
ISBN 3-419-53619-4

Layout-Entwurf: Network!, München
Produktion: Carsten Schorn, Merzhausen
Druck: Proost, Turnhout 2003